中国共产党诞生地
出版工程

恽雨棠 李文 画传

龙华英烈画传系列丛书

中共上海市委党史研究室　龙华烈士纪念馆　编

潘晨　著

上海人民出版社

出版说明

　　"一个有希望的民族不能没有英雄，一个有前途的国家不能没有先锋。"习近平总书记强调，我们缅怀革命先烈，为的是继承他们的遗志，发扬他们的精神，不忘初心，牢记使命，在他们用生命和鲜血开辟的道路上不懈奋斗、永远奋斗。为弘扬伟大建党精神、用好英烈红色资源，优化英模人物宣传学习机制，推动全社会崇尚英雄、缅怀先烈、争做先锋，从中汲取奋进中国式现代化的强大精神力量，由中共上海市委宣传部组织，中共上海市委党史研究室、龙华烈士纪念馆编写"龙华英烈画传系列丛书"，致敬为真理上下求索、为信仰奋斗牺牲的革命先驱们。

　　上海市龙华烈士陵园（龙华烈士纪念馆）是党的创建和大革命时期、土地革命战争时期著名英烈人物最为集中的纪念地，是记录中华民族近现代英雄史诗的丰碑，也是上海建设社会主义现代化国际大都市的红色文化根脉。在新中国成立前，中国共产党产生了 171 位中央委员，其中有 42 人牺牲，在龙华牺牲了 7 位，占六分之一；首届中共中央监察委委员 10 人中有 8 人牺牲，在龙华牺牲了 4 位，占二分之一；其他曾在龙华被关押过的革命者更是数以千计。2021 年 7 月，为庆祝中国共产党成立 100 周年，"龙华英烈画传系列丛书"推出第一辑共 11 册，讲述了罗亦农、杨殷、彭湃、陈延年、赵世炎、陈乔年、林育南、杨匏安、张佐臣、许白昊、杨培生 11 位龙华英烈的事迹。2023 年 10 月，推出丛书第二辑 5 册，讲述了李求实、柔石、胡也频、冯铿、殷夫"左联五烈士"的事迹。2024 年，又推出丛书第三辑 6 册，讲述"龙华二十四烈士"中何孟雄、龙大道、欧阳立安、罗石冰、恽雨棠、李文、彭砚耕、刘争、汤仕佺、汤仕伦、伍仲文、蔡博真、贺治平、费达夫、段楠、王青士、李云卿等 17 位烈士的事迹。丛书按照烈士生平脉络，选取若干重要历史事件，配以反映历史背景、切合主题内容、延伸相关阅读的丰富历史图片，以图文并茂的方式叙写龙华英烈们在风雨如晦中坚持真理、坚守理想，在筚路蓝缕中践行初心、担当使命，在艰难寻路中不怕牺牲、英勇斗争，在生死考验中对党忠诚、不负人民的崇高精神，彰显了早期中国共产党人把人生价值和理想追求深深植根于谋求民族复兴、人民幸福之中，为革命披肝沥胆、甘洒热血的牺牲与奉献。

从书所收录的图片和史料多源自各兄弟省市党史研究室、纪念场馆，以及中共上海市委党史研究室、龙华烈士纪念馆等的公开出版物及展陈，或源自英烈后代、专家学者的珍藏。基本采用历史事件发生时期的老照片，但由于年代久远且条件有限，部分无法直接利用的老照片，或进行必要修复，或通过对现存史料进行考证后重新拍摄。

丛书反映内容跨度长、涉及面广、信息量大且年代久远，编写人员虽竭尽全力，但不足和疏漏之处在所难免，敬请广大读者批评指正。

目录

一　龙城少年走他乡

家贫四处讨生活　　　　　　　　　　　003

投身商务印书馆　　　　　　　　　　　009

罢工运动显身手　　　　　　　　　　　014

以笔为刃墨为锋　　　　　　　　　　　022

二　两赴苏联求真理

披荆斩棘求学路　　　　　　　　　　　029

短暂回乡闹革命　　　　　　　　　　　034

斗罢艰险又出发　　　　　　　　　　　038

无中生有遭诬陷　　　　　　　　　　　042

三 红旗下邂逅真爱

短暂培训再出击　　　　　　　　055

江南女子多温婉　　　　　　　　056

英姿飒爽舞红妆　　　　　　　　061

光明磊落证清白　　　　　　　　065

四 革命伉俪结同心

新文坛崭露头角　　　　　　　　071

夫妻双双遭贬谪　　　　　　　　077

躬身力行心坚毅　　　　　　　　080

五 以身涉险英名存

战斗在敌人心脏　　　　　　　　087

为革命身犯险境　　　　　　　　092

夫妇共写英雄谱　　　　　　　　095

恽雨棠大事年表　　　　　　　　105

李文大事年表　　　　　　　　　107

参考文献　　　　　　　　　　　108

后　记　　　　　　　　　　　　110

YUN YUTANG   LI WEN

一

龙城少年走他乡

秀外慧中勇争光，温润如玉世无双。万千人中他与她，为了同一个梦，汇于一方。抛家小儿女，弃世俗美好，他们背上战斗的行囊，共赴逐梦路上。不畏革命道路的艰难险阻、错误路线的迫害、凶残敌人的杀戮，他们携手并肩，直面酷刑和死亡。他们用生命的代价，铸就忠贞的爱情，锤炼钢铁的信仰。他们是恽雨棠和李文。

家贫四处讨生活

　　常州^①，地处江苏省南部长三角腹地，历史悠久、人杰地灵，

常州武进

────────

① 常州古时候称龙城，喻为人丁兴旺的吉祥之地。

千载读书地、东南名士城。它是中国共产党早期领导人瞿秋白、恽代英、张太雷的故乡，是一座有着光辉历史和革命传统的江南名城。武进位于常州东部，就像一块晶莹的绿宝石，镶嵌在滔滔长江和碧波荡漾的西太湖之间。

恽姓，在中国较为少见，但是在武进却是常见姓。一直以来便有"天下恽姓出武进"的说法。明清以来，恽氏更是名人辈出。1902年农历七月的一天，武进西夏墅镇（现属常州市新北区）一户恽姓农家，伴随着几声洪亮的婴儿啼哭，家里的第五个孩子诞生了，父亲恽怀庆给孩子取名为雨棠。恽家父母带着四子二女，依靠祖传的六七亩薄田和一家小小的竹器店做些

恽雨棠故居

恽雨棠

小本生意勉强维持生计。不承想，雨棠长到 10 岁左右，父亲便撒手人寰，竹器店也被迫关门，使得本来就不富足的家庭雪上加霜。

在亲朋好友的资助下，恽雨棠得以进入西街土地堂（又名百子庵）国民小学读书。他聪敏好学，习得一手好字，深得学校老师的器重。由于家境贫寒，恽雨棠读完初小便被迫辍学。为了减轻家里的负担，他在 14 岁那年远走他乡，先后去镇江张裕昌皮蛋坊和芜湖中兴蛋厂做学徒工。作为学徒的恽雨棠既要应对繁重的苦力活，又要忍受东家的无理苛责，还领不到工钱，每日只能以粗茶淡饭解决温饱问题。尽管如此，年少的雨棠还是咬牙坚持了下来。一天，母亲去世的噩耗从家乡传来，恽雨棠匆匆离厂回乡奔丧。

母亲的离世使得年仅 16 岁的恽雨棠更加沉稳懂事，回乡后的他自立门户，利用家里沿街的房子开了一家酒厂，自制甜酒出卖，用勤劳的双手主动担起了家里的生计，恽家的生活也逐渐在他的苦心经营下有了些许起色。然而一天，一封亲戚的来信打破了这份平静的生活，也彻底改变了恽雨棠今后的命运。

19 世纪末，帝国主义掀起了瓜分中国的狂潮，人民饱受战争摧残，生活在水深火热之中。自幼就个性正直、一心想匡扶正义的恽雨棠也一直心系社会疾苦，早就暗暗许下了报效祖国的誓

商务印书馆人员信息表，内有恽雨棠入职和离职商务印书馆信息（图片来源于上海市档案馆影印资料）

言。当他从亲戚王光业的信中得知上海的商务印书馆招工考试的消息，当即决定报考，去上海这座他向往已久的大城市谋求新的出路。但是王光业并不看好，他给恽雨棠写信表示："这里的事情乡下人不会做。"家人也劝他莫要轻易尝试，然而他却满怀信心，坚信自己定能考取商务印书馆。

商务印书馆最初在江西路上的厂房

夏瑞芳（1871—1914），字粹
方，江苏青浦（今属上海市）
人，曾任商务印书馆总经理，
1914年夏瑞芳被人暗杀身亡

1915 年，商务印书馆编译所全体同仁合影

商务印书馆第五印刷所旧址（今上海市静安区天通庵路 190 号）

恽雨棠　李文画传

于是，他将酒厂转让他人经营，自己则于 1919 年的 8 月来到上海，专心备考商务印书馆。功夫不负有心人，经过一段时间的认真准备，恽雨棠成绩合格，被录取为商务印书馆发行所练习生。

投身商务印书馆

1897 年 2 月 11 日，夏瑞芳、鲍咸恩、鲍咸康、高凤池等人在上海江西路德昌里创立了商务印书馆。初期的商务印书馆只有几部手动的印刷设备，后企业规模不断扩大，成立了商务印书馆三所一处（编译所、印刷所、发行所、总务处），并在全国各重要省市、商埠乃至海外设立分馆。从一开始的小印刷作坊到中国近代最具影响力的民营出版机构之一，商务印书馆仅仅用了短短的十几年时间，便创造了中国文化史上的奇迹。众多的文化名人和革命先辈在商务印书馆留下了足迹，陈云、茅盾等从这里出发走上了革命的道路，鲁迅、巴金、老舍、冰心、丁玲等文坛巨匠在商务印书馆的期刊上发表了他们的第一篇作品，严复、梁启超等也在这里尽显才华。

恽雨棠来到上海的第一站便是商务印书馆的发行所。商务印书馆的发行所成立于 1902 年，为商务印书馆的总机关，位于四马路棋盘街 221 号（今河南中路 221 号）的一座四层大厦，主要

早期商务印书馆车间

业务范围是负责商务印书馆出版物的总发行，直接向商务各地分馆供货，并向其他零售书店批发图书。恽雨棠在发行所里，先是做了短时间的练习生，后便被分配到二楼订书柜工作。尽管日常工作枯燥琐碎，恽雨棠仍然用十分的热情认真对待。他待人诚恳，为人正派，乐于助人，由于有着良好的国文基础，书法功底也过硬，常有同仁央他写些对联、挽联，他从不推辞，有求必应，因此广受业内同仁的好评。

商务印书馆总发
行所旧址

新中国成立后在商务印书馆发行所和上海书局旧址上建成中国图书发行公司上海
分公司，隶属新华书店上海总店管理。1982年起成为上海科技图书公司，商务
旧址衍变成上海科技书店，书店共四个楼面，主营各类科技图书。2006年科技
图书公司大楼部分拆除，上海科技书店迁址他处

那时的上海是中国眺望世界的窗口，大量先进思想在这里汇聚，不断激荡着正直善良的恽雨棠的内心。他十分敬仰民主革命的先驱孙中山先生，率先在商务印书馆开创了穿中山装的先风。当时商务印书馆顺应时代潮流，出版了一些宣传科学社会主义、马克思主义学说的文章和著作，这也给恽雨棠接触先进的理论知识和新思想创造了有利条件。于是，他在工作之余如饥似渴地阅读马克思列宁主义的进步书刊，汲取真理的力量，不断提升政治素养。同时为了更好地阅读马克思主义外文原著，没有丝毫外语基础的恽雨棠自学外文，借助词典一句话一句话地翻译。作为先进青年的代表，恽雨棠很快便引起了中共中央的秘密联络员、商务印书馆编辑董亦湘的注意。

1923 年 7 月 9 日，中共上海地委兼区执行委员会举行第一次会议，决定将在上海的 53 名中共党员进行编组，共分为 4 个小组，其中第 2 组称为商务印书馆组，计 13 人，董亦湘任组长。党小组成立后不久，恽雨棠就在董亦湘的介绍下于 1923 年底 [1] 加入了中国共产党，成为一名坚定的共产主义战士。作为恽

---

[1] 根据现有文献，恽雨棠入党时间有 1922、1923、1924 年三个版本，此处采用的说法引用至《中共党史人物传》第 38 卷，中国人民大学出版社。

董亦湘（1896—1939），江苏武进人。
1918年进入上海商务印书馆编译所工作。
1922年参加中国共产党，先后任商务党
小组组长、支部书记等职。1924年至
1925年执教于上海大学社会学系。1925
年任国民党江苏省党部执行委员，同年
发动领导商务印书馆罢工，不久赴莫斯
科中山大学学习。1939年在苏联肃反扩
大化中遇害。

1924年3月，中共上海商务印书馆党小组合影，一说二排右一为恽雨棠

雨棠的同乡和他革命道路上的领路人，董亦湘在恽雨棠此后的革命生涯中写下了浓墨重彩的一笔，成为和他并肩作战的革命伙伴之一。

罢工运动显身手

1925年5月，震惊中外的五卅运动在上海爆发并迅速席卷全国。商务印书馆的职工纷纷投入这场声势浩大的反帝爱国运动，并迅速发起成立五卅惨案后援会，商务印书馆成为了党发动罢工的重要据点之一。恽雨棠在党组织的带领下勇敢地走上街头参与斗争。他在南京路街头向游行群众发表演说，控诉帝国主义的残酷罪行，振臂高呼"上海是中国人的上海""取消一切不平等条约""收回外人在华一切租界""为顾正红烈士报仇"等口号。他洪亮的声音、富有激情的演讲吸引大批民众的驻足聆听，极大地激励了国人的反帝爱国热情，也为恽雨棠将来组织罢工积累了初步的斗争经验。

1925年6月，商务印书馆的工人和雇员成立工会——上海商务职工会。商务印书馆工会召开成立大会时出席者达4000人。不久，商务印书馆下属的印刷所、发行所、编译所、总务处也相继分别成立自己的职工组织。商务印书馆作为当时国内最先进的传媒巨头，集聚着大批有文化、有觉悟、纪律性高、战斗力强的产业工人，很快便成为中国共产党组织工人运动、开展革命活动的重要据点。

　　五卅运动后，不少参加过罢工的工人遭到了帝国主义的打击报复，有的甚至被厂方开除或遭当局逮捕。为了反抗西方帝国主义列强的暴行，上海总工会于1925年8月作出决定，号召上海几个大的产业工会采取行动，在八月中旬实行罢工。总工会细致分析了当时形势并对罢工作了严密部署，决定由力量较强的商务

1925年五卅运动爆发，恽雨棠积极参加罢工运动

印书馆党支部打头阵罢工，然后报界负责接应，最后上海邮局跟进。

商务印书馆普通工人多年来一直面临劳动强度高、工资少的问题，普通中学毕业生初入馆时月薪只有十余元，学徒起薪甚至只有两元，工友们曾多次要求增加待遇、改善劳工条件，均遭到了资方的无理拒绝。8月中旬，印书馆当局打算裁减职工，此事预先被职工知晓，于是，我们党抓住正值秋季开学，各书店营业旺盛的时机，以"薪金太薄、工作时间太长、男女工人待遇不平等"为名，发动和领导罢工。

罢工于8月22日在印刷所首先发起，根据1925年8月23日《新闻报》对于商务印书馆大罢工的报道，"并举出临时委员15人，廖陈云（委员长）、赵耀全、章郁庵……薛兆圣、恽雨棠等"，其中提到的廖陈云便是伟大的无产阶级革命家、政治家陈云，他在罢工期间也由恽雨棠和董亦湘介绍，加入了中国共产党。恽雨棠作为15名罢工委员之一，同时也是罢工运动的联络员。在他的带领下，商务印书馆工友们精心组织了一系列行动。上午七点发行所先是开职工大会，到会者有职工四百余人。他们由后门直接进入了四楼的膳堂，集体听取了罢工委员会对于当前形势的汇报，并讨论罢工办法。愤怒的职工封锁了各办公室，看管起各处的电话，外来电话一概不接，暂停了电梯，外来人员概

1926 年，陈云（前排左三）与上海商务印书馆发行所职工工会的同事

1925 年 8 月 23 日《新闻报》对于商务印书馆大罢工的报道，其中提到恽雨棠是罢工委员会 15 个委员之一

不接待，同时安排人员至印刷所工会和总工会接洽，获取援助和配合，扩大罢工效果。在恽雨棠等人的通力安排下，罢工开展得井然有序，各部门职工配合默契。

罢工的第二日，上午九时许，恽雨棠等罢工委员会成员召集发行所全体职员开大会，到会人员有五百多人。大会对章程草案做了修改，明确了罢工到底的目标。会后，恽雨棠和廖陈云（陈云）等人又作为代表被派往印刷所接洽罢工事宜。下午，发行所在廖陈云（陈云）的主持下召开了第三次全体大会，会上由恽雨棠报告了职工会之组织情况。

1925年8月24日《申报》对于商务印书馆罢工情况的报道，其中提到恽雨棠为罢工委员会代表

▲九時全體大會 九時職工會召集全體大會、主席廖陳雲、到二百餘人、由主席報告開會前發生葛光遠勾結館主來會偵探詳情、並謂昨日（指前日）發現之劉季康加以拘留後（今日已不到館、即在監理張菊生宅密議云云）、屢次發生職員勾結館主事實、宜圖切實處置、並議決（一）對庶務葛光遠加以特別儆告、次對於該會本版南北櫃職員鄭旅信、葛亮卿、招待部職員趙廉臣、武雲如、批發主任陸品琴、發現勾結嫌疑、亦決意加若輩以儆告、等六人為特別職員、分別辦事（三）議決與印刷總廠工會聯合、由委員會推出五人、與該會合組委員會、以後一切問題、一致進行、（四）趙耀全報告今晨（指昨日）有英報記者冒充美籍、來館探聽新聞、似非好意、決議對於外國新聞記者、一概拒絕、十時餘散會、所推代表五人、除趙耀全君因事未克赴會外、徐恽雨棠、鏤新之、孫泯瑜、馬衛華四人均即赴工會方面出席聯席會議、

罢工第三日，经过恽雨棠等人的努力，编译所工友也加入了罢工队伍，并与资方进行了第一次谈判。恽雨棠在当天的全体职工大会后，作为代表出席了工会联席会议。

罢工第四日，资方与工会发生了流血冲突，导致三名工友受伤。印刷所职工照例在罢工委员会的领导下召开全体职工会议，会上通报了前日谈判结果，在原15名执行委员的基础上又选出书记2人、特别职员11人、新闻记者招待员2人、干事7人、

会计2人、庶务6人、纠察队2人，进一步壮大了印刷所职工罢工领导队伍。

罢工第五日，印刷所职工会宣布由恽雨棠为条件研究委员会代表，宣读了中央执行委员会与条件研究委员会章程，廖陈云（陈云）报告了出席条件研究委员会代表恽雨棠的来信，信的内容涵盖了罢工的三个条件：第一，承认工会；第二，对于薪水少者的加薪问题一定要坚持到底；第三，工作时间以八小时为限。8月27日当天的《申报》也详细公布了《罢工条件委员会组织大纲草案》和《条件研究委员会简章》，从中可知条件委员会权限为"本委员会为各处所工会职员会同人会合组之最高机构，有解决并执行罢工事件之权限"。责任为"对于各处所工会职工会同人会或各会机制联合会负责任"。主要事务为调查、宣传、交际等。委员会必须在每日上午九点和下午两点各举行一次会议，且不得有人旁听。从章程内容"总务处及印刷所编译所发行所各举一人为委员……罢工中央执行委员会聘请五人为顾问委员"。可知，恽雨棠是发行所选出的唯一代表，也是五人顾问委员之一，其在这次大罢工运动中所起到的重要作用可见一斑。

经过不懈努力，8月27日晚，工会代表13人与公司代表6人经过磋商，签订协议。公司被迫在增加工资、承认工会、改

▲發行所兩次會議　昨日發行所職工會、共開兩次會議、(第一次上午九時半、主席廖陳雲、紀錄唐文光、其秩序及議決案如下、(一)主席報告罷工中央執行委員會昨日成立之經過、並決派前出席聯合委員會之孫珉瑜·徐新之·章郁庵·二三代表為該會委員、(二)對於條件研究委員會、決派惲雨棠為代表前往列席、(三)推舉姚松柏君為罷工中央執行委員會服務委員、(四)報告中央執行委員會聘胡秀山為顧問委員、(五)宣讀中央執行委員會章程、(六)請同人堅持奮鬪、勿為種種威迫誘惑所屈伏、末又謂昨日談判結果、已有數條有希望、務期中途勿懈云云、下午二時續開會議、廖陳雲主席、唐文光紀錄、主席報告出席條件研究委員會兩會章程、(甲)要求條件研究委員會第一條、惲雨棠來信、該信中包涵三點、(乙)第二條加薪問題、目下正在討論、尤以對於薪水大小者必須堅持到底、務期達到目的、(丙)第三工作時間以八小時為限、亦有承認之意、但以同業關係、未曾解決、報告畢、吳君主張八小時、承認工會、可相當承認、如中華·伊文思·等、其作息時間、均不得以此相推託云云、衆一致主張堅持、議畢散會、附錄罷工中央執行委員會及條件研究委員會組織大綱如下、

1925 年 8 月 27 日《申报》对于商务印书馆罢工的报道，其中提到恽雨棠为条件研究委员会委员

▲條件研究委員會簡章　(一)組織　本委員會以下列委員組織之、(甲)總務處及印刷所編譯所發行所各舉一人為委員、(乙)罷工中央執行委員會聘請五人為顧問委員、(二)權限　本委員會研究下列事項、儘罷工中央執行委員會之決定、(乙)條件研究委員會提供條件之執行方法、(丙)議決罷工問題、(丁)對於罷工中央執行委員會從事研究、本委員會得為下列之決定、(甲)由常然委員出席罷工中央執行委員會陳述之具體意見、(乙)請求罷工中央執行委員會派員出席陳述、(丙)接受罷工中央執行委員會之春詢、(甲)勞動契約締結問題、(乙)議決罷工問題、(丙)務動契約締結問題、(三)事務　本委員會得分組委員之研究、本委員會得分組委員、非得主席之允許、不得旁聽、(五)會期　每日集議兩次、以上午九時下午二時行之、但得臨時停會一次、(六)附則　本簡章有未盡善處、得以決議修改之、

1925 年 8 月 27 日《申报》公布的《条件研究委员会简章》

良待遇、优待女工等主要复工条件的协议书上签字。28 日，工人以取得完全胜利而复工，同时推出职工会筹备委员会 15 人，筹备正式选举执行委员会事宜。9 月 1 日商务印书馆召开全体大会，正式选举出廖陈云（陈云）、章郁庵、徐新之、恽雨棠等 11 人为执行委员。在商务印书馆罢工运动中，恽雨棠得到了很好的锻炼，积累了弥足珍贵的斗争经验。

以笔为刃墨为锋

在商务印书馆大罢工运动中，除了安排组织罢工活动，参与与资方的直接斗争活动外，恽雨棠还充分发挥了自己擅长写作的优势，以笔为刃作斗争。他独立起草的发行所《职工会宣言》言

1925 年 8 月 23 日《申报》全文转载的由恽雨棠起草的《职工会宣言》

辞恳切、感情真挚，以质朴无华的笔调细腻描绘了工人贫穷凄惨的工作境遇。这篇文章先是被远东通讯社播发，后又被《申报》全文转载。

> 我们尤其是抱愧，在这二十世纪的新时代，在这号称东方最高文化机关里面，过着不能忍受的生活上的苦痛，使我们走进这条路。果然，劳资之争，在共和政体之下是不成问题的了，但我们能够勉强苟且的生活着，谁还喜欢走进这条路呢。"急不暇择"，情非得已，我们的工作的辛苦，实非笔墨所能描写，而时光的冗长，亦非一般人所能意料的。早上八点钟开市，七点钟已经在路上跑了，晚上七时半闭市，八点钟我们还喘喘地在马路上走。如果迟到一分或是早走一刻，也要在薪水项下扣除。这种超过十二小时的工作，这种一分一刻的扣算，在先进的欧美，果然是没有的了，是在落后的中国，也是"绝无仅有"的吧。

宣言详细描述了工人与资本家之间工资的巨大差异，揭露了资本主义赤裸的剥削本性：

> 薪水的微小，说来真也可怜，其不足十元及十元上下实

估百分之七十五，有在三四年前十余元而到现在还是十余元者，年来上海生计的高涨无不数倍于此。区区之数，果然难以"赡养家室"。即个人在上海今日的生活，亦岂再能敷衍。我们每每思及，无不"疾首痛恨"。馆中亦每年有所谓花红者，在几个当局，确实可以称为花红（例如经理月薪三百元，而年得花红二三万元）在我们薪水小者，却也可叹（月薪十余元者仅年得花红十余元甚有薪水不足一月者）。这种百与一之比的不平等的分配，真不知从何说起。

除了经济上的压迫，宣言还申诉了工人们言论行动受到的不合理的监视、人权受到极大的漠视，怒斥资本家妄图从思想上控制工人的恶劣行径：

偶有错误，会不稍加原谅，当大众广座之间，立即申斥，甚而至于开除。更有进者，开除后的惶惶然"枪毙盗犯"式的通告，露布在大众面前，这是如何难堪的事实，其漠视职工之人权，又为如何。

当局对于同人的集会结社戒备之严，真是不可思议。而其压迫同人个人行动，亦无所不用其极，他们一方面用各部主任为压迫同人的工具，一方面使他们的爪牙暗探来窥察同人的行踪。一被觉察，便可借故辞退。在资本主义制度之下，此种现象，亦许是普遍的，但剥削同人集会自由的手段之狡猾，有如商务者，也许是少见的了。

宣言的最后，恽雨棠号召大家团结起来，为谋求自身的合法利益而奋起反抗：

> 我们的工作和时间，既如此辛苦而冗长，我们的人权和自由既如此被漠视被剥削，我们的职业是如此之危险，我们的生活是如此苦闷而悲惨，在当局者早已视我们作牛马了，视我们作奴隶了，我们在这重重压迫的黑暗中，实在忍无可忍了。我们感觉到改进生活、减少工作时间，保障人权和集会自由等等之必要，知道组织工会之刻不容缓，现已集议定章，正式成立职工会。我们既负担这种种使命，凡我职工们，应绝对服从本会，听本会之指挥，积极奋斗，以求胜利。现本会已议决于八月二十二日起，宣告罢工，以议决十二项要求为复工条件。在罢工期内，同人需极力镇定，遵守秩序，绝不可有越规之行动，致贻人口实。我们愿共遵此旨，作有秩序的奋斗，得最后的胜利，特此郑重宣言。

同样由恽雨棠独立起草的《商务印书馆罢工宣言》以质朴无华的笔调、哀而动人的语气，讲出了工人们心里最想说的话，号召大家不再做牛马，不再当奴隶，勇于抗争，做命运的主人。很多人看完之后感同身受，甚至连当时发行所所长、近代著名诗人李拔可看了也淌下同情之泪。这篇宣言脍炙人口，之后成为中国职工运动史上的重要文献。

两赴苏联求真理

YUN YUTANG　LI WEN

披荆斩棘求学路

随着大革命形势的发展，国共两党逐渐意识到只有黄埔军校是远远不够的，还需有与之相匹配的培养政治干部的学校才行，于是与苏联政府协商，在原东方大学干部培训的基础上，增加培训人数，苏联政府同意在莫斯科开办一所专门招收中国学生的大学，即中国劳动者孙逸仙大学，也称莫斯科中山大学，旨在用马克思主义培养中国共产主义群众运动干部。

对于像恽雨棠一样的年轻革命者们来说，世界上第一个社会主义国家是他们心中的灯塔，而莫斯科也成为他们心中向往的圣地。幸运的是，恽雨棠由于表现突出，被党组织选拔为莫斯科中山大学的第一期学生，派到苏联学习。

1925 年 10 月 28 日，深秋的拂晓，恽雨棠和俞秀松、董亦湘等 103 人从上海出发，乘上停泊在吴淞口的苏联货轮。他们中有中共党员、青年团员、进步学生，也有国民党左派、右派。俞秀松被中共中央指定为这支队伍的负责人。

船只驶入日本海后，汹涌的波涛席卷而来，重重撞击着船舷。船只的剧烈颠簸，使得恽雨棠这群本来兴高采烈的年轻人又呕又吐，异常难受。但是一想到自己即将去世界革命的中心，他们又马上振作起来，并在俞秀松的带领下一起高唱起《国际歌》。

莫斯科中山大学旧址

俄罗斯科学研究院哲学研究所，这里包含了莫斯科中山大学旧址的一部分

伴着嘹亮的歌声，青年们晕船的苦痛仿佛也减轻了。行船过程中，正巧赶上了十月革命胜利八周年的纪念日，俞秀松被邀请发言，他热情赞扬了十月革命胜利的伟大意义及对中国革命的影响，给了恽雨棠很大的鼓舞。

船航行两周之后终于到达了海参崴（符拉迪沃斯托克）。恽雨棠等人在俞秀松的带领下，利用在海参崴转乘火车的休息时间，与当地华侨们举行了热烈的联欢会。在西伯利亚的寒流中，他们很快又登上了离开海参崴的火车，沿着横贯西伯利亚的铁路前往莫斯科。这段长达 7400 多公里的漫长路程由于异常的寒冷和食物的缺乏，万分艰辛。但是恽雨棠和同志们共同协作，克服了重重困难，于 11 月 23 日顺利到达莫斯科。

异国的风土人情、城市建筑让初到莫斯科的恽雨棠异常兴奋，旅途的疲劳瞬间消散。他快速办理了入学登记手续，心里充满了对未来生活的美好向往。

莫斯科中山大学位于莫斯科沃尔洪卡大街 16 号，原是俄国旧官僚的私邸，楼房坐东朝西，环境优美，图书馆藏书丰富，优雅宽敞，是非常理想的学习场所。莫斯科中山大学学制二年。第一学年，俄语学习时间特别长，每天为 4 课时。其他课程为：政治经济学、历史、现代世界观、俄国革命理论与实践、民族与殖民地问题。第二学年的课程为中国革命运动史、世界通史、马克

俞秀松（1899—1939），浙江诸暨人。1920年参加上海马克思主义研究会，后参与创建上海共产党早期组织。同年8月，参与创建上海社会主义青年团，任书记。1922年后，任第一届团中央执行委员、中共上海地委委员等职。1925年赴莫斯科学习。1935年到新疆任反帝总会秘书长、新疆学院院长等职。1937年因苏联肃反运动扩大化遭逮捕。1939年在莫斯科遇害。

1925年10月28日，陈独秀任命俞秀松为中共旅莫学生临时委员会书记，图为陈独秀的亲笔信

　　　　　　　　　　　　　　　　　　怿雨棠　李文画传

思主义哲学、列宁主义原理、经济地理等。莫斯科中山大学还有一门重要课程就是军事训练，该课程每周一天，主要内容为步兵操典、射击、武器维修等，学生们还可以到莫斯科附近的军事院校参观和到附近的军营打靶。等到陆续从中国和西欧出发的留学生都汇聚到莫斯科后，莫斯科中山大学便正式开学了。

尽管当时的苏联，国内战争和帝国主义武装干涉的创伤尚未完全恢复，但年轻的苏联政府却给予了这所学校极大的支持，花费了大量的人力、物力、财力，尽力去保障学校的教学需要和学生生活。学校给学生免费发放衣物和生活用品，寒暑假组织学生参观旅游，甚至动用了当时十分紧缺的外汇供学生回国探亲之用，中国学生享有着优于当时的苏联教师的丰厚待遇。这点从恽雨棠的同学，当时亦是联共（布）支部委员、学生公社主席俞秀松给家人的信中可见端倪：

> 所有的学课，都是政治经济方面的。我们的生活是非常之好，为国内任何大学所不能比拟……我在此学习，物质方面的享受非常优越，所以好一心一意地研究。我在俄唯一的任务就是研究学理……

恽雨棠充分利用这来之不易的学习机会，如饥似渴地学习马克思主义政治经济理论，苦学英文俄文。1925年10月到1927年初这一年多的莫斯科中山大学学习生涯，对于他来说，是快速充电的一年，非常充实，他的理论水平也得到飞速的提升。

短暂回乡闹革命

1927年初，根据国内斗争的需要。恽雨棠等43名莫斯科中山大学学生随同共产国际代表回国。回国后，恽雨棠来到了阔别已久的家乡，在中共武进县委西夏墅支部的领导下开展工作。此时，常州独立支部在不久前经江浙区委批准成立，书记徐水亭后

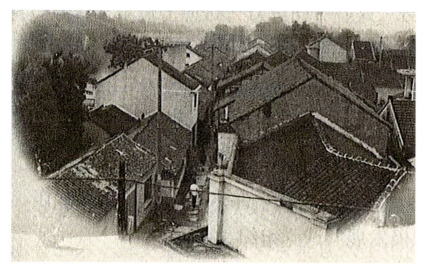

1926年8月，中共西夏墅支部成立，图为西夏墅支部成立地点

来也成了恽雨棠的结婚介绍人之一。而中共武进县西夏墅支部则是常州独立支部下辖的六个支部之一，也是常武北部地区的首个党支部，恽雨棠的兄长恽礼堂也是支部成员之一。

西夏墅镇作为常州地区斗争烽火最旺的地方，被誉为"常州革命的摇篮"。西夏墅支部成立后，以镇上的同福茶楼为据点开展革命工作。同福茶楼人流量大，各方人士在此汇集出入。为了配合党的群众工作，恽雨棠在同福楼茶店向大家宣传俄国十月革命后人民当家作主的见闻，宣传共产主义思想和党的农村政策，乡亲们听了感到新鲜、亢奋、向往。1927年3月，国民革命军第一师一个团到达西夏墅，团政治部主任孙学楷为中共党员。在孙学楷的支持下，常武地区第一支农民革命武装——西夏墅农民自卫队成立。自卫队提出"二五"减租口号，要求打倒土豪劣绅，保障农民政治经济权益，掀起了一股"农潮"，还引发了轰动常州城乡的"十八个大先生游街"事件。恽雨棠和他的兄长恽礼堂、胞弟恽玉堂都是这场农民斗争中的关键力量。弟弟恽玉堂后来又先后担任了中共武进县委委员兼西北乡区委书记、中共萧山县委常委兼组织部长等职，后又曾去往上海从事地下斗争。抗日战争期间，恽玉堂回武进参加江南抗日义勇军，在一次突围战中壮烈牺牲。

然而好景不长，当人们正在憧憬着美好的未来之际，蒋介石

西夏墅镇西栅门老街 1 号同福茶楼旧址

却在上海悍然发动四一二反革命政变，大肆屠杀共产党人和革命志士，常州武进的国民党右派也趁机兴风作浪。4 月 14 日，国民党右派、武进县长巢镜深紧跟蒋介石背叛国民革命，逮捕中共党员，查抄县工会。无奈之下，中共武进县委只得组织革命力量撤退，转入地下斗争。在县委的部署下，恽雨棠在武进县玉梅桥（当时省立第五中学）附近召开秘密会议，同中共地下县委书记恽逸群一起布置力量从农村向城市撤退，并在该县西南地区继续开展游击斗争。

江苏省立第五中学，后改名为江苏省立常州中学，现为江苏省常州高级中学

恽逸群（1905—1978），江苏武进人，理论家、文化新闻学者、出版家，中国文化、新闻界的杰出战士

斗罢艰险又出发

大革命失败后，为了保存干部实力，党中央决定把上海、湖南、湖北等地的一批干部送往苏联学习。恽雨棠有过留学苏联的经验，又有着比较扎实的俄文基础，便接下了党组织安排的领队的任务。1927年的深秋时节，微风凉凉，恰如两年前一样。恽雨棠和中共湖北省委秘书陈逸（陈修良）、中国革命互济会负责人阮仲一起带领学生队伍前往苏联。当时从上海出发前往苏联的还有以向忠发、李震瀛为首的中国共产党代表团，他们准备出席共产国际执行委员会第九次扩大会议。

陈修良（1907—1998），女，浙江宁波人，1926年加入中国共产主义青年团，1927年转入中国共产党，1930年毕业于苏联莫斯科中国劳动者共产主义大学，曾担任过《少年先锋》编辑、向警予的秘书。20世纪40年代中期，陈修良被党中央派往南京，担任中共南京市委书记，开展秘密工作

关于此次旅途的细节，后来和恽雨棠一同作为领队的陈修良在她的回忆录里都做了详细的叙述：

> 我们这批去苏联的同学大约有200人……全体同学绝大多数是党员，少数是团员，个别不是党、团员……从外地来的多住在旅馆里，由小组分头联络，我们怕发生意外，经常讨论组织纪律与生活问题。

这些学生大多从外地而来，主要是从武汉和江浙撤退出来的青年干部。他们聚居在上海的小旅馆，为保障安全，一群人在上海等了一个多月才登上了去苏联的货轮。怀揣着为中国革命事业而奋斗的赤诚之心，一群人踏上了迢迢万里的征途。

> 这条停泊在吴淞口外的货轮名叫"安铁捷"，我们必须坐小舢板到吴淞口外，才能上船。开船时间定在夜间，这一夜真是十分惊险……我们担心很有可能要引起敌人注意，岂不要同归于尽，好在黄浦江上船舶多，来往客人拥挤，我们三五成群分乘小船而去，却也无人过问，便登上了苏联货轮。

为了不引起敌人的注意，恽雨棠、陈修良等人带着学生队伍分批在深夜从吴淞口登船。学生上船后，不分男女都挤在拥挤的大船舱里。每天只能以咸菜和面包充饥，还得面对由晕船带来的剧烈呕吐。第一次旅途中恽雨棠作为初出茅庐的"新人"，受到了俞秀松等老大哥的照顾，而这次恽雨棠作为有过旅苏经验的"老人"，除了再一次忍受行程带来的痛苦，还要继承俞秀松的衣钵，帮助和照顾青年学生，安抚他们的情绪，并承担路途中的翻译工作。

几天后，大风大浪将他们的船只送到了海参崴，但是情况并没有太大的好转。

在海参崴上了岸，我们被带到一个大旅馆居住，还是睡在地铺上，也没有食堂，大家吃面包、香肠之类的东西，有时也吃红菜汤。当时海参崴的市容不好，破破烂烂，很少见到新造的房子，旅馆都是旧俄时代留下来的，家具也很破旧。后来我们搬到山上几个旅舍中去住，情况也差不多……

对于恽雨棠来说，旅途过程中再次恰逢十月革命节可能是最值得开心的一件事了。在从海参崴前往西伯利亚的火车上大家和俄国工人一起唱歌跳舞庆祝这一盛典。窗外是北国皑皑的白雪和一望无际的森林，窗内是一群为了共同的目标而相聚到一起的有志青年。看着青年们对未来充满信心的坚毅眼神，恽雨棠也更坚定了自己为党的事业而奋斗的决心。

在冰天雪地里奔驰 12 天后，恽雨棠再次踏在了莫斯科坚实的土地上。武汉国民政府叛变革命后，南京国民政府已公开宣布和莫斯科中山大学断绝一切关系，彼时的中山大学已改名为中国劳动者共产主义大学，但是依照习惯大家还是沿用了"中山大学"的旧名。

这批去的学生依据不同情况分别被编入普通班与预备班。预备班有二十多人，均为工人出身，他们文化程度较低，要补习中文、算术、历史、政治常识、经济、地理等科目，需学习一年后方可升入普通班。普通班每班也有二十余人，班里安排中国翻译兼任辅导员，专做政治工作，班主任为苏联人兼教授。

苏联政府依然对他们表示热烈的欢迎，并给予他们充足的物质保障。除了丰富的物资补给，按月发放的物资津贴，当翻译和担任行政职务还另有工资。当然，恽雨棠也用实际劳动来回报"中山大学"的热情款待。他刚完成了代表团的翻译工作，紧接着便来到"中山大学"，他精通俄语和英语，熟读政治理论，于是便在学习之余兼任中国革命问题课的翻译。他主动承担了学校的壁报工作，把苏联《真理报》上的消息随时译成中文，转载在壁报上向大家传播。"中山大学"的中国学生虽然个个学俄语，然而能翻译写作的却不多，恽雨棠因此在学生中有着很高的威信。

无中生有遭诬陷

然而，看起来风平浪静的莫斯科"中山大学"实际上却是暗潮涌动，各种复杂的矛盾在这里交织。正如陈修良在回忆录里说的那般：

> 假如每个人都能抱着同样善良或至少是差不多善良的愿望与想法来做事的话，那么，可以想见，中山大学里应该能够培养出一批有益于中国革命的人才的……但事实上，这似乎只是人类"可欲而不可求、可望而不可及"的理想状态。

1928年上半年，王明等人依仗学校副校长兼马列主义教员米夫的赏识，为争夺党内地位排挤异己，在学校大搞反托派斗争扩大化，制造了危言耸听的所谓"江浙同乡会"事件。他们一口咬定学校里有一个以俞秀松、董亦湘、周达文为首的"江浙同乡会"组织。王明等散布说这个组织的行动是绝对的秘密，他们当中不仅有江浙人，还有军阀子弟，有与第三党有关系的人，有一部分是联共的所谓反对派，还有一部分是怕死怕回国分子。

"江浙同乡会"事件是一起性质严重、影响深远的重大事件，也是一起冤假错案，完全是子虚乌有的无稽之谈。而真实情况，从当时被打成"江浙同乡会"骨干分子、后来成为我国著名经济学家的孙冶方于1980年给中共中央纪律检查委员会及中共中央组织部的报告中，可以清楚地看到事情的来龙去脉：

> 在我们同期毕业的同学中，除了回国工作的以外，大部分升到别的学校学习，极少数的人留校工作，我和云泽（乌兰夫）同志以及一个后来成为托派分子的蓦树功被派到东方大学当翻译。继续学习的学生只发给津贴，有些到军校学习的，按红军士兵待遇，津贴特别少。我们做翻译工作的拿工资，有近百卢布，生活较好。因此在暑假开学前，有几个去初级军校的同学提出，在星期天敲我的竹杠，叫我买肉买菜做中国饭吃。这天，除约好的几位军校的同学外，董亦湘也来了，军事学院的陈启礼、左权同志也来了，挤了一屋子的人，把同房间的乌兰夫同志都挤了出去。正当我们热热闹闹地做饭时，中大学生公社主任王长熙从窗外经过，听到里面说话的都是江浙人。因此回校后同别人讲起，某些人聚集在

孙冶方（1908—1983），原名薛萼果，江苏无锡人。著名经济学家，老一辈无产阶级革命家

某人房间呱啦呱啦讲得很热闹，像开"江浙同乡会"似的（其实其中陈启礼、左权两同志是湖南人）。这话传到中大支部局中国同志那里，便添油加醋，说成董亦湘等在我房间里成立了"江浙同乡会"。

王明等人为了达到打击异己的政治目的，将"江浙同乡会"事件作为打击报复俞秀松、董亦湘等人的武器，对他们进行没完没了的斗争。恽雨棠是江苏人，又是由董亦湘介绍入党，平时和他私交甚好，加上恽雨棠本身对于王明宗派主义的反感，自然也被诬陷为"江浙同乡会"的重要反党分子。

1928年春，学校召开师生大会，邀请向忠发作报告。向忠发根本不作什么调查，只听了王明等人罗织的一面之词，就照章宣读了他们提供的不实材料，武断地作出"江浙同乡会"是反党组织的错误论断，并提出必须灭其组织，对组织中的核心人物给予严厉的制裁，对该组织中的积极分子应开除党籍或留党察看。会后，校方开始开除、逮捕有关同学，一大批学生受到株连。顿时校园内人人自危，一片混乱。

恽雨棠对此痛心疾首，他对同学们的遭遇深表同情，对于王明等人的胡作非为表达了极大的愤慨。平日里沉默寡言、和颜悦色的恽雨棠发表激烈的言辞，批评学校支部局领导的官僚主义、宗派主义作风，也因此受到了王明的残酷打击报复。

1928年6月18日至7月11日，中国共产党第六次全国代表大会在莫斯科近郊召开，这是中国共产党历史上唯一在国外召开的代表大会。会上，向忠发当选为中央政治局主席兼中央政治局常务委员会主席，他当选后的第一件事就是公开向中共代表团宣布"江浙同乡会"的存在，表明中央查处这一反党秘密组织的决心。王明也趁机抓住"江浙同乡会"事件在大会上做起文章，他逢人便说："中山大学问题大得很，里面有一个国民党的江浙同乡会小组织，参加的达150多人。"因此，产生了十分恶劣的影响。

不久，第三国际监委、联共监委和中共代表团（团长瞿秋

位于莫斯科近郊的中国共产党第六次全国代表大会会址

白，团员周恩来）三方联合组成审查委员会审理了这个案件。经过多方调查取证，审查委员会认为"反革命组织"之说并无任何真凭实据，否定了"江浙同乡会"组织的存在及其反革命性质。1928年8月，联共（布）中央监委党纪事件处理小组就所谓的"江浙同乡会"问题正式提出《关于所谓"江浙同乡会"或"互助会"事件的报告大纲》，决定撤销有关所谓"江浙同乡会"的案件。至此，这一事件本应该就此了结，然而，这样的调查结果并没有真正消除王明等人包藏的祸心。

1929年3月，"中山大学"支部举行全体党员总结大会，对

恽雨棠 李文画传

学校存在的有关问题进行了又一场激烈的争论，各小组大半批评支部工作的缺点，争论非常激烈以致引发了骚乱。王明趁机要求大会主席团采取措施，制止争论活动。大会后，不少人被指责有参加托洛茨基反对派 ① 的嫌疑，恽雨棠被诬为托派嫌疑分子，受到了党内的处分。

虽然所谓"江浙同乡会"的案件早已撤销，但是这个名字仍像鬼影一样徘徊于校园的各个角落，不时在人们之间流传。自此事件之后，"中山大学"直至解散，几乎再无宁日。1928 年 12 月起，恽雨棠的亲密战友董亦湘被派往莫斯科国际语言学校学习，其间又受命去边远地区做调研。这段时间，他们之间经常互通书信。在信中，董亦湘对恽雨棠谈起了在农村考察的工作的心得体会和对于开展党的工作的看法，字里行间透露着两位战友深厚的革命友情。从信中也了解到恽雨棠计划于 1929 年夏游历苏联南方，但是最终有没有去成不得而知。这也是恽雨棠回国前一个月与董亦湘往来的最后几封书信。一个月之后，恽雨棠抱憾回国，自此就再也没有见过这位知心战友。

---

① 托洛茨基反对派是指托洛茨基主义，是 20 世纪初在俄国工人运动中出现的、以列夫·达维多维奇·托洛茨基的不断革命论为基础的机会主义思潮。

其一：

雨棠同志：

你的来信收到了，我在这里工作和生活一切都还有秩序，三星期的工厂的体力工作业已终结，成绩尚算不错，此后还有三星期的研究工作，一星期研究工厂中的党和群众工作，二星期研究此一区内的各种党的和社会的工作。照这里情形看来，这工作不会有什么复杂和困难包含在中，因为此地是一比较冷静的区域，一切工作还做的很幼稚，所以以及还有很多自由的时间。我对莫斯科（你们那边）的情形，真是完全隔膜，只听得说，现在莫斯科孙大闹得一塌糊涂，已开了六天大会还没有结束。孙大的病源已深，实行根本改革，将无以救将来的危险。然而现在究竟为何，我却完全不知道。请有暇约略告我为嘉。

共产主义的敬礼！

鄂过兄均此问好

亦湘

六月二十二日

其二：

雨棠同志：

前信写好待寄时，却遇到此地有军事的举动，此时我们亦都参加，费去二天一夜作野战的练习，因此未暇寄出。今天又接到你的来信，我对莫斯科的情形完全不知道，但是我也意料到几分。总之，如果不能在学校组织上有所改造，迅速的改造，而延缓一月或半月，一切都变成空闹一场而已。我在此工作仍然很忙，有空时也偶尔和一般女孩子玩玩，如此而已。政治问题很少开口。

德弟处均此问好！

湘又及

六月二十六日

其三：

雨棠同志：

前信想已收到了，我在此尚有一星期的社会工作和一星期的笔头工作即作书面报告之类。到七月三十日晚上或十四日当天回莫。你前信说，在七月中间的作南俄之行，我不知道能否在你南游之前内，在莫作一次面谈？如果能挨至七月十六或十七日动身，我们必然能作一二次的长谈。我在此工作和考察到的结果，也颇有值得研究之处，简单地约述如下：

一、此地是比较一落后的区域，城市居民一般的都是市井之徒，所谓小市民。而所有二万工人大多和农村有或多或少的关系，工人中盛行着一种农民的心理，不识字的也还不少，一般群众的政治认识的水平线比较的很低下，所以讲此地职工会的苏维埃的及社会组织的工作环境是非常困难的。二、因为这些客观条件的困难致工作的发展党员许多的阻碍。党当然是领导群众的先锋队，是一切群众组织活动的轴心，所以此地党的工作人员应当要是非常能干的人才，然后能推进此地的工作迅速的发展。但是此地党和团的工作人员，能力殊嫌薄弱，并且还未能造成真正的干部。党的影响和信任尚远未能普及于我党群众。所以我党群众的意识非常复杂，最大多数的我党群众不能集中于党的意识的影响之下。因之，其他一切的社会群众组织为职工会，红色救济会等等，工作上殊多缺点，其主要原因之一便是党的领导的薄弱。幸而与莫斯科接近，及时接受莫省委有力的指示，使工作尚能有小小的进步。日下工作虽有以上种种缺点，然毕竟从整个的方面看来已站在工作开始发展的进程中。

以上列举的不过是最主要的而已，我们在此举我们观察所及的材料，已向党部贡献，并收我们批评的意见全一并贡献。党与国的工作人员当然也非常虚心接受。现在党亦正想各方面的努力来战胜这些客观环境的阻难。

董亦湘 1929 年 6 月 22 日、6 月 26 日和 6 月 30 日给恽雨棠的回信（图片由武进区委党史工委提供）

我到此处，除看一些报纸杂志之外，竟未能开一开书卷，对于你所说过的天下大事，我在此虽然有人和我谈过，但我还守口如瓶。然我并不是不想到，且还想到了许多意见。至于我的态度，是你所知道的更不容说。处多事之秋，真不容易，然而这里是训练布尔什维克的学校，我们应当耐心的在一切实际问题中去学习，并以此活的历史去了解理论上的真意，由此去了解生活的辩证法的发展。

　　余容待叙事　此致

　　共产主义的敬礼！

　　我的返莫日期，有便可与成矣

亦湘

六月三十日

红旗下邂逅真爱

YUN YUTANG LI WEN

短暂培训再出击

1929 年 8 月，恽雨棠等人化装成华侨，经西伯利亚绕道沦为日本殖民地的朝鲜，秘密回到了上海。一到上海，他就来到指定地点向党组织报到。当时的中央组织部部长周恩来在华山路靠近静安寺的一家米店楼上约恽雨棠等同志谈了话，向他们分析了国内的斗争形势，并通知他们参加中组部主持的专为这批由苏联回国学生开办的中央干部短期训练班。

大革命失败后，党的干部力量遭到严重破坏，中国革命陷入低潮。为了缓解中共干部严重短缺的现实问题，中共秘密开办了多期短期干训班。在敌人严密控制的城市，时间短、主题明确的短期培训班以其隐蔽性强、见效快等优势，成为中共在白区教育训练干部的主要形式，为党员干部培训工作打下了基础，为干部教育事业的发展作出了成功示范。训练班以加强党员教育、提高干部政治业务素质为目标，培训时间为 1 至 3 个月。除政治理论课外，还安排了宣传、组织、农运、工运等课程。每门课程都设有教员和指导员，采取学员预习、教员授课、指导员指导讨论、学员复习相结合的方法进行学习，每天上课两次，每次 4 小时。周恩来、恽代英、彭湃、杨殷等中央领导同志都曾到培训班授课。培训班主要围绕特定主题或针对担负特定任务的党员干部进行培训，如对各省党团负责干部、各省有农运斗争经验的同志、策动国民党二十六路军起义的同志开展专门培训等。

恽雨棠所参加的是1929年10月为留学生专门开办的专题培训班，其目的是使留学生尽快熟悉国内情况并开展工作。除恽雨棠外，金贯真、吴亮平等其他25人也参加了培训。

在培训班上，恽雨棠积极参与讨论发言，对如何做好县委书记、支部书记，对怎样开展工农运动都提出了一些积极的有建设性的意见和设想。一个月后，他以优异的成绩顺利结业，同时被分配到《红旗》报社经理部担任发行部主任。

江南女子多温婉

再次来沪工作的恽雨棠，已是年近三十，却依旧单身。彼时在上海白区工作，单身不好租房，对于开展工作也极为不利，于是，恽雨棠先是找到了陈云和老乡徐水亭、薛兆圣。陈云当时化名李介生，以新生印刷厂老板身份为掩护，帮恽雨棠解决了住房问题。同时，在徐水亭、薛兆圣的介绍下，恽雨棠遇见了此生的挚爱——李文。两人既是武进老乡，又有着共同的兴趣志向，因此一见钟情，很快便在组织的见证下结为夫妻。从此二人携手、相互扶持，共同奔向革命的战场。

李文，原名李萱，又名文婉，1910年8月12日生于江苏武

薛兆圣（1906—1992），江苏武进人。1925年在商务印书馆工作期间加入国民党，随后加入中国共产党。曾参加五卅运动和上海工人第三次武装起义。新中国成立后历任上海市公济医院（今上海市第一人民医院）院长、上海市第四、五、六届政协委员

进县湟里乡埠头镇。李文生得面目清秀，是家中最小的孩子，自幼便聪明伶俐、能说会唱，深得双亲喜爱。由于她在兄弟姐妹中排行第八，父母便给她起了个乳名"八大"，街坊邻里都亲昵地称这个活泼可爱的小姑娘为"小八哥"。

李文长到7岁，入了当地小学念书，15岁小学毕业，后又顺利考入了常州市芳晖女中。五四运动以后，各地私立中学发展较快，并伴随有女学兴起。江苏更是开风气之先较早也较多地开办女子中学，芳晖女中即为其一。该校于1925年由校长徐洁怀带领10位教师各出50银元共同创办，校址借用了芳晖堂旧址，于

李文

芳晖堂的第四进造了一幢木结构的教学楼。学校以"勤朴"二字为校训，首年便招收学生 70 名。芳晖女中的创办在当地具有反封建、争取男女平等的重大意义。

李文在校期间学习认真，广读进步书籍，读到了比较喜欢的名言警句就会默默抄写好贴在墙壁上作为座右铭。她爱好广泛，闲暇之余喜欢写写小诗抒发情感。她看到家乡富人田连阡陌，贫者却无立锥之地，不由得感慨道："缺衣乏食的佃农，终年辛勤劳动，被剥削的工人，日夜在机旁奋勇。田野里，哀鸿处处，全中国，只有蒋、宋、陈、孔。"诗句短小精悍，却字字珠玑，可

常州市湟里镇俯瞰图

李文故居

芳晖女中旧址，现为常州市田家炳高级中学

常州市田家炳高级中学

恽雨棠　李文画传

见小小年纪的李文心里早已埋下了同情劳苦人民、仇视万恶封建制度的种子。

她还经常和同学避开宿管的监控，外出贴标语、搞文娱活动，宣传反封建思想，和学生、工人们一起迎接北伐军的到来。看到浩浩荡荡的北伐队伍开进常州城，到处都张灯结彩、街头巷尾万众欢腾的景象，李文也激动万分。1927年秋，她加入了中国共产主义青年团，并开始使用李文这个名字。然而不久之后她就因为参加学生运动被校方开除，回到了乡下老家。

英姿飒爽舞红妆

1927年冬到1928年夏，以湟里为中心的武进县西南区工农运动蓬勃发展。进步青年黄祥宾暂停学业，回到家乡武进湟里，组织农民协会，组建店员、缝衣、搬运等多个工会组织，将反对土豪劣绅的群众运动开展得轰轰烈烈。李文称赞他"言必信、行必果、忠于事、诚于人，是己学习榜样"。

在黄祥宾的带领和影响下，李文也积极投入各项斗争中。在国民党反动派军警和特务的严密监视下，一个晚上需要在湟里二十公里的范围内贴标语、发传单，策应农民暴动。面对如此艰巨的任务，李文如初生的牛犊，丝毫没有女子的柔弱，圆满地完成了组织布置的任务。她还领导了轰动一时的拆衣工人要求改善

黄祥宾（1905—1930）江苏武进人。1925
年加入共青团，不久转为共产党员，1926
年考入南京中央大学。1927年在武进县
湟里镇开展农民运动。1930年，发起成
立"南京自由运动大同盟"，成立了中
共中央大学地下党支部，任支部书记，
1930年8月18日在南京雨花台遇害

生活待遇、增加工资的罢工斗争。

　　湟里的土地集中，有庙产、祠产，还有官僚资本经营的土地
公司，阶级矛盾尖锐。在中共武进县委的领导下，黄祥宾组织农
民协会，初创以小园窠村为核心的农民运动阵地。为了下乡发动
农民，李文经常冒着大雨前往田间地头和同志们一起开会，直到
午夜才能回家。一个未出阁的大姑娘经常在外抛头露面还夜不归
宿，这在当时封建传统观念极深的农村，可是一件"出格"事。
母亲不放心她的安危，询问她做什么去了。李文却丝毫不在意世
俗的眼光，理直气壮地回答说"我们干的正经事，走的正直路"。

　　1928年夏收之前，中共地下党组织湟里地区农民协会，开

展"三抗"（抗捐、抗租、抗税）斗争，要求从北伐军到达江南之日起，停缴当年夏租，农民声势日益浩大，土豪劣绅大为恐慌。他们集结城乡势力，大肆镇压农民运动，到处搜捕共产党人和积极分子，大批党员干部受到"通缉"被迫离开湟里，李文也在其中。后来她到了常州城，继续从事女工工作。她联系大成纱厂、民丰纱厂，采用组织"十姐妹"方式，团结女工开展反对拿摩温（工头）的搜身行为及其他的斗争。她还到过东南乡的前黄公学，以教师身份为掩护进行革命活动。经过一次又一次斗争实践的锻炼，她成长为一名共产党员。

与恽雨棠相识后，李文一眼便认定这是她值得托付终身的人。即使没有隆重的婚礼，丰裕的物质保障，她依然坚定地跟随着丈夫的脚步来到了上海。在组织的安排下，李文被分配到《红旗》报机关工作，从此她的命运和恽雨棠紧密相依。

四一二反革命政变后，《红旗》报在上海险恶的白色恐怖环境下艰难地诞生了。它是中共中央机关刊物，是中国共产党的理论喉舌，是党宣传理论主张和路线政策的重要工具。《红旗》初创时为周刊，自第24期起改为三日刊，每逢周三、周六出版，共出了126期。1930年8月2日停刊，8月15日与《上海报》合并为《红旗日报》。1931年3月8日，《红旗日报》被迫停刊，第二天又更名为《红旗周报》继续出版。

李文曾在《红旗》报工作。
图为《红旗》报

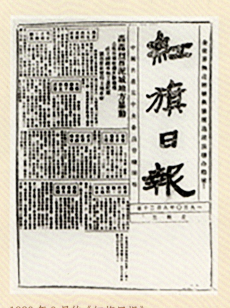

1930年8月的《红旗日报》

《红旗周报》创刊号

中共中央机关报《红旗周报》秘密印刷所遗址（今上海市虹口区东大名路
1180号）

　　《红旗》是李文在上海革命的第一站，也是和丈夫并肩作战
的第一个战场。在这里，为了冲出敌人的舆论封锁，李文、恽雨
棠和一大批一线的办报人员一起采用多种方式掩护刊物印行，坚
守宣传阵地，传递革命信息，将革命的火种撒向祖国大地。

光明磊落证清白

　　恽雨棠虽然已经回国，但苏联那场风波的影响其实尚未完全平息。恽雨棠回国后的这段时间，王明等人将一批共产党人列为反革命分子，很多人被开除党籍或是流放外地，莫斯科中山大学有一半左右的同学都遭到了不同程度的处罚。但事实上，托派负责人在"清党"过程中自己交出的名单也不到100人，并且其中30多人在"清党"前就已经回到了国内。就连托派分子自己交出的名单中也有相当一部分人并非托派成员。当时苏联方面从托派负责人交出的名单中看到有30多人已经回到了国内，就立即写信给中央。1929年12月，中共中央接到苏联莫斯科有关部门的来信，信中说，"8月间，回国的同志，多数在'中大'8月党员大会中被指有参加托洛茨基反对派活动的嫌疑"，信中点名提到了几位同志，并对他们发了通知，要求他们表明自己的政治态度和对托洛茨基反对派的意见以及他们是否参加反对派的活动。通知一经发出，就陆续接到了被点名同志的声明。

《红旗》报从1930年3月26日开始，专辟"来函照登"一栏，发表《由莫回国同志对反对派问题的声明》。从《红旗》摘登的这些人的声明来看，大多谈到了莫斯科"中山大学"大会上对学校的争论，对反对派问题说得相对简练，纷纷表示自己与反对派之间并无关系，与中央在政治上是一致的。

恽雨棠虽然是极力反对托派的，但还是被划进了30个已经回国的托派分子名单内。接到中央通知后，他立即在1月11日给中央写了书面声明。声明说："我在青年团大会上曾极力反对托洛斯基反对派，在思想上没有接受过托洛斯基的影响，回国后托洛斯基反对派曾来宣传我煽动我，此事曾向中央报告过，而且还和某某同志面谈过。"3月8日，中共中央在收到多数同志的声明后做了明确表态，刊发于《红旗》1930年第八十七、第八十八、八十九期第四版"来函照登"栏：

"胡识因、金贯真两同志：

我们一向是拥护国际第六次大会和中共第六次大会的正确路线，不论过去、现在、将来，我们都站在第六次代表大会的正确路线下，积极反对托洛斯基主义。

张颖新同志（略）

罗亚兰同志（略）

黄烈文同志（略）

恽雨棠同志（略）

杨先择同志（略）

王士秀同志（略）

蒋德芳同志（略）

以上是各个同志对反对派态度的声明，从这些声明中，中央认为这些同志没有反对派嫌疑的真确证据，但中央很希望这些同志，不仅在书面声明中表明自己的政治态度，更应当在工作的过程中，努力执行党的正确路线，与反对派作坚决的斗争！

中国共产党中央委员会

三月八日

恽雨棠用自己的光明磊落再次赢得了党的信任。他也在今后的工作中，将这种信任化为动力，更加积极努力地工作。

革命伉俪结同心

YUN YUTANG LI WEN

新文坛崭露头角

一直以来，恽雨棠就热爱文学创作，他将对民间疾苦的关心，对家国天下的牵挂寄于文艺作品，抒发内心。步入家庭生活后，李文在生活上给了他无微不至的关心，他也因此有了更多的创作灵感和创作动力，每天清晨坚持早起阅读俄文作品。在《红旗》报工作的前后，他凭借自己较硬的文学基础，大量创作和翻译文学作品，积极支持无产阶级革命文学运动，造就了他文艺创作的高峰。

早在商务印书馆工作期间，恽雨棠就曾在商务印书馆出版的《小说世界》上发表过《在北固山》《归途》《少年的悲哀》等作品。1925 年 5 月 9 日，在"五九国耻"十周年纪念日的当天，恽雨棠曾在《民国日报》发表文章《雪耻与电影》，提醒民众勿忘国耻。

十年前的今日是我们中华民族的史上奇耻大辱的日子！可怜我们的电影小儿便在这个时候带着耻辱的背景产生了呀！

这十年的中间，我们的国家，我们的民族，是在怎样的一个情况之下生活着的？诸君！你们感到了没有？这其间，岂止一次的二十一条？又岂止日本的二十一条？教育的侵略，经济的压迫，关税的不能自由，共管论调常常传来，甚至于用种种的手段，造成国内十年来的大乱；这些岂在二十一条之下？又岂止一个日本？总之：这十年来，我们的国家，我们的民族，渐渐的由半殖民的地位，近于全殖民的地位了！所以我们这位可爱又可怜的电影小儿，他又带来了这十年来更大的耻辱的历史和背景。而所谓国耻纪念的，又岂止"五月九日"！

他有接触群众的机会，他能给群众以深刻的印象，他能引起群众强烈的共鸣，他能使群众欢笑，也能使群众悲哀。他的这种天才，实是不可多得的天才。我希望把他的优越的天才忠实的来做"雪耻"的运动！

在文中，恽雨棠将电影比喻成天真烂漫的小儿，中国电影发展的十年也是国家自"二十一条"签订后水深火热的十年。他认为电影具有亲密接触群众、引起群众情绪共鸣的优势，国人要"雪耻"，需要利用好电影的优点来发展国民运动。文章语言诙谐，却字字铿锵，从中也可以看出恽雨棠深厚的文学积淀和对于开展党的群众工作深刻而独到的思想见解。

来到《红旗》报后，《小说月报》成了恽雨棠发表文章的主

雪恥與電影　（惲雨棠）

親愛的讀者：十年前的今日是什麼日子呢？與我們的電影小兒發生了什麼印象？諸君知道了沒有？也許是知道了吧，十年前的今日是可憐的我們華民族史上的奇恥大辱的日子呀！（其時商務印書館方振鵬始攝製風景影片，這着恥辱的背景產生了出來！）我們的電影小兒，隨着時代而長大，已經是一個可愛的天真瀾漫的小孩了。共經險阻艱難……諸君！我們到了這二十一條？又豈止日本的二十一條？這其間，我們的國家，我們的民族，登止一個可愛的天真瀾漫的小孩，不能自由，這些登在二十一條之下？又豈止一個可憐的電影小兒，由她去唱？不，決，不！這種恥辱，我們是非雪不可的！但是……我的意思，怎麼叫雪電影之恥？那也不然。不自外於中華民族或者廿自暴棄的人，不問他們勤於那一種類，他……要說他沒「雪恥」嗎？……但是我們決不能因着一個幼小，他有接觸的機會，他能給事業以深切的印象，他能引起羣衆強烈的共鳴，他能使羣衆歡笑，他能使羣衆悲哀。他的道種天才，實在是不可多得的天才！我希望把他的優越的天才忠實地做「雪恥」的運動，我十分誠懇地祝你康健了！祝你好好的長大，顧你莫忘了「電影小兒」的運動，更顧你勇敢地來幹「國民革命」的運動！

恽雨棠在 1925 年 5 月 9 日在《民国日报》上发表的文章

要平台，在这里，他惯用"洛生"为笔名。《小说月报》1910 年 7 月创刊，由商务印书馆主办印行，1923 年起，郑振铎担任主编，《小说月报》逐渐发展成为当时中国第一个规模最大、影响最广的新文学刊物。所载作品，在广阔的背景下，从各个不同侧面描绘了 20 世纪二十年代中国社会生活和时代风貌，具有强烈的现实主义精神。

关于恽雨棠与《小说月报》的渊源，郑振铎印象深刻并在他的回忆文章中作过详细的描述，"恽君是曾在《小说月报》上登过一篇小说的，我记得他用的是很讲究的毛边纸写的，写的字体很清秀可喜，写的故事是一篇富于家庭的趣味的故事，我的想象中，始终以他为一个很文雅的瘦弱的如一般文人似的人物。"恽雨棠还和郑振铎特意探讨过当时正流行着的"新兴文艺"的问题以及《小说月报》在革命文学问题上的态度。恽雨棠希望《小说月报》积极参加无产阶级革命文学运动，以反对国民党的文化"围剿"。郑振铎将自己以及《小说月报》在进步文坛上的地位和作用作了详细的说明，给了恽雨棠肯定的答复，恽雨棠才"没有再追问下去"，由此可见恽雨棠在政治上的成熟性。

1929年12月，恽雨棠翻译俄国乾尔孟所著《柴霍甫的革命性——柴霍甫逝世二十五周年纪念》(柴霍甫今译为契诃夫)，发表在《小说月报》上。"……一切平安的无扰的幸福也还是偶然又偶然的——遇到道德的恐怖就在这充满了平凡的满足的状态中，死也还来接近他的……"，"如果艺术家的革命性之被决定，是依靠他在自己的作品中应用几次革命的术语和字眼，那么研究家的责任就非常轻易……"恽雨棠将自己熟练的俄语技巧和深厚的国文功底相结合，将晦涩的政治语言翻译得通俗优美，充分展示了他的翻译水平。

1930年1月号和2月号的《小说月报》连续刊登了恽雨棠《苏俄文艺概论》的译文。在这篇文章的译者后记中，恽雨棠点郑振铎（1898—1958），浙江永嘉人。中国现代文学家、社会活动家、文物收藏家、鉴定家。1921年任职于商务印书馆编译所，1949年任中国文学艺术界联合会常务委员，1954年起，任中华人民共和国文化部副部长

1929年12月号的《小说月报》

1929年12月号的《小说月报》登载了恽雨棠翻译的俄国作家乾尔孟著的《柴霍甫的革命性——柴霍甫逝世二十五周年纪念》

明了翻译这篇文章的目的：

> "这本小册子之异于其他介绍苏俄文艺作品的著作是在于他不是简单地介绍苏俄文艺，而是介绍苏俄的革命文艺——苏维埃文艺，无产阶级文艺"。使读者——工农大众对于俄国大革命前后及社会主义建设的三个时期之革命文学，得一个有系统的了解，"无产阶级之应有其自己阶级的文学，在目下的中国文坛上，大约已没有人敢于否认或反对了吧。则这一本小册子译成中文，介绍到中国来并非没有意义的。"

郑振铎对此高度赞誉，认为恽雨棠的叙述很有条理，用了几万个字就将我们所想知道的俄国大革命后的文坛的历史与现状，说得十分明白，一点也不含糊。

此后，恽雨棠又先后翻译了苏联文艺学家莆理契的《艺术之社会的意义》和《艺术风格之社会学的实际》，分别刊发在 1930 年 3 月和 4 月的《新文艺》杂志上。从恽雨棠一系列的文学作品中可以窥见他浓厚的革命文学家的气质，他是一位坚定的左翼文学革命战士。他翻译的俄国革命文学作品，对当时无产阶级革命文学的发展，无疑也起到了非常重要的作用。

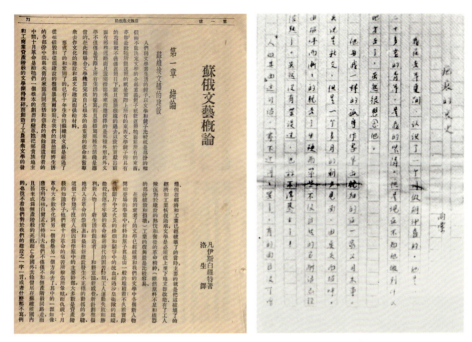

1930年1月《小说月报》刊载的恽雨棠翻译的《苏俄文艺概论》　恽雨棠著《疤痕的哀史》手稿

夫妻双双遭贬谪

1930年2月，恽代英以中央代表身份通过党的秘密交通线，来到厦门鼓浪屿，出席了福建省第二次党代会。会后，他调研了毛泽东、朱德创建的闽西苏区。他把调查得来的感受写成《请看闽西农民造反的成绩》和《闽西苏维埃的过去与将来》，分别发表在《红旗》第 83 期和第 87 期上。文章称赞了毛泽东建立农村革命根据地的思想，表明了对党内"左"倾冒险错误的批评态度。然而，在当时中央"左"倾冒险错误占据统治地位的状态下，恽代英旗帜鲜明的态度得罪了"左"倾当权者，他也因此被扣上"机会主义"的帽子，从中央机关降职到沪东区委担任区委书记。恽雨棠对这种不公正的做法表示了强烈的不满，他直面上级的错误，建议安排恽代英到苏联一边养病一边工作，却遭到了拒绝。不久，恽代英被叛徒出卖身陷囹圄，得知此消息后，恽雨棠黯然神伤，心痛不已。

恽代英（1895—1931），江苏武进人。1921 年参加中国共产党。1923 年主编团中央机关刊物《中国青年》。1924 年在大革命时期参加国民党上海执行部工作，后参与领导五卅运动、南昌起义和广州起义。曾任黄埔军校政治教官。中共第五届中央委员，中共第六届中央候补委员。1930 年在上海任中共沪东区委书记时被捕，后被关押在龙华国民党淞沪警备司令部。1931 年于南京就义

不久，王明由沪东区委组织部长调往中宣部任代理秘书，得知恽雨棠在中宣部下属单位《红旗》报工作后，他趁机报复，以检查工作为由向恽雨棠发难，指责恽雨棠领导无方。中宣部秘书处主任潘文育在王明的授意下，在《红旗》报发表文章，直接指出《红旗》"发行问题是最严重的问题"，"我们的发行是非常困难的，现在一共只发行两千六百份，大部分还在上海，这是非常不足的。许多重要的省份，完全不能得着我们的刊物，即得着也不过只有很少的几份。我们发行范围的弱小，是整个党的工作及整个革命的损失，因为客观形势的发展，确实要求我们有数万份的发行"。于是，恽雨棠被撤职，李文也遭受无故的牵连被停止在机关的工作，夫妻二人一起被下放到闸北区委。

同时失去机关工作的夫妻二人没有了经济来源，生活陷入了窘境，异常艰辛。恰逢此时，李文在上海新闸路大德医院产下了他们爱情的结晶，一个可爱漂亮的女孩，出生的时候耳朵上还赘生了一个小耳朵。李文和恽雨棠视如珍宝，但是奈何家庭贫困，夫妻只能忍痛将刚出生不久的孩子送到育婴堂抚养。为了缓解母女分离的伤痛，李文利用产后休息的短暂时间回乡探亲。李文的母亲思女心切希望她能回乡工作。但考虑到党的事业，考虑到丈夫依然奋斗在革命的一线，她还是拒绝了母亲的要求。为了避免母亲伤心，她隐瞒了把孩子送到育婴堂抚养的事实，隐瞒了在沪艰苦贫困的生活现状，只说在沪很好，希望父母保重身体，便匆匆离乡回沪，和恽雨棠继续在艰苦恶劣的环境中开展革命工作。全国解放后，党组织曾经派人多方寻找这个孩子，遗憾的是孩子一直下落不明。

一日，闸北区委书记黄理文得知恽雨棠和李文二人编入了闸北区委组织部，就立即前往他们家中探望。李文见到黄理文，诉说了家里遭遇，提到自己被送走的孩子，更是止不住地流泪。黄理文给了他们二十元的生活费用以解燃眉之急，并介绍恽雨棠到市政总工会担任主席，李文也一并被安排到市政总工会做内部机要工作。

躬身力行心坚毅

1930 年 8 月 11 日，上海市政总工会成立，由英电、法电、华电、公交、电厂、邮务、电话、煤气等 23 个分会组成。9 月 15 日，全上海黄包车夫代表大会召开，成立了黄包车夫总罢工委员会，恽雨棠出任上海黄包车夫罢工委员会主席。罢工委员会的主要任务是组织和发动人力车工人建立红色工会同盟组织，在中共中央的统一部署下，开展政治罢工和同盟行业总罢工。

在苏联刚刚遭受宗派主义政治打击，背着"严重警告"的沉重包袱的孙冶方回国后被组织安排到特定的旅馆住下，等候几天之后，上门来和他秘密接头的正是昔日的老同学恽雨棠。恽雨棠带领他来到时任江苏省委文委书记、中共江苏省委宣传部副部长的潘汉年处，潘汉年让孙冶方担任上海人力车夫罢工委员会副主席，协助恽雨棠开展工作。

当时党中央针对苏联回国学生有专门的规定，一般会先安排他们到基层工作，经过一段时间的锻炼后，再根据他们在基层工作中的表现能力，考虑调到中央或地方的领导机关工作。恽雨棠担心孙冶方对组织的安排有意见，特意语重心长地宽慰他："中央对我们这批在莫斯科中山大学反对过支部局的同志并无成见。现在革命形势发展得快，需要大批的干部，因此只要我们自己努力工作，不怕牺牲，是不难取得党的信任的。"孙冶方听了，心中倍感温暖，多年来积攒的怨气一消而散，他和昔日的好友恽雨棠一道意气风发、精神饱满地投入身处社会底层的黄包车工人行列中去。

1930 年 6 月，以李立三为代表的"左"倾冒险错误统治了党中央的领导机关，他片面地认为革命的高潮已经到来，错误地推行全面进攻的路线，组织不切实际的中心城市的总同盟罢工和武装起义。上海街头出现了"准备第四次武装暴动"的特大标语口号，发出"同盟罢工是当前工人阶级战胜敌人的有力武器""罢

20世纪30年代，外滩
街头的人力车夫

工已经成为群众实际行动的迫切要求"的号召。《红旗日报》作
为党的宣传阵地，也乐观估计，认为黄包车夫同资本家大小头脑
相比，至少比资本家多一二十倍，即使每一个工友向资本家吐一
口痰，也能够把资本家们淹死。甚至说"人力车工人的实力，比
手榴弹机关枪还有用"。9月23日《红旗日报》社论《组织上海
十二万人力车夫的同盟罢工》，第二天，上海人力车工会罢工委
员会奉命颁布总同盟罢工令，命令"全上海十二万工友一条心在

　　　　　　　　　　　　　　　　恽雨棠　李文画传

本月 25 日上午 6 时，实行总同盟罢工，9 时到南京路示威"。

而事实上，当时的革命形势客观上说还处于低潮，全国各地都处于国民党反动统治下的白色恐怖中，党在城市的工人运动才刚刚恢复，人数少、力量小，在群众中的影响还不够大，直接的革命形势，远远没有到来，之前的几次罢工也都是用强迫方法促成的。同时，王明更是推波助澜，照搬联共（布）党史教科书上的经验，不加分析地把黄色工会看成国民党的走狗和出卖工人阶级的叛徒，因而使得上海的工人运动处于极端孤立的状态。

恽雨棠虽然认为此次罢工任务难度太高而难于实现，应当首先发动工人开展争取改善生活状况的经济斗争，但还是对于组织交代的罢工任务表示了绝对地服从。怀着对革命事业的无比忠诚，他和孙冶方一道，昼夜不停、忍饥挨饿地到人力车工人集中的棚户区去活动，真心实意地和他们交朋友，努力做他们的贴心人，一身土一身汗地跟着他们进进出出。为了更好地做车夫的思想工作，恽雨棠脱下长衫，加入了拉车的队伍，不畏酷热地在马路上奔跑拉车。车夫们看到这位身材高大的领导者，一身污渍、满面风尘，不禁分外亲近。郑振铎曾回忆，他"是一位身材高大的人，脸部表现久历风霜的颜色。从他那坚定有威的容颜上，便知道他定是一位意志异常坚定的，在我的许多友人们里似没有比他更为严肃坚定的'神秘人物'"。"他的来，常是那样的神秘，有时戴了帽檐压在眉前的打鸟帽，有时戴着眼镜，有时更扮以一位身穿短衫的工人般的人物。我不便问他的事，但我很担心他的行动"。薛兆圣也曾回忆："忽而听说有人看见他在路上拉黄包车，我很奇怪，始终是一个谜。""他听到我，就来找我几次，都在天暗晚餐时，身穿工人的便装，两手乌黑，来了总是先把一包由熟食店里买来的菜放在桌上，然后洗净双手和我们共餐，那时我意识到他忙于工人运动，连一顿晚餐都无时间准备，但也不便问他在干什么，这是党的秘密。"可见恽雨棠将全身心扑在了党的事业上，已经完全将个人生活置于脑后了。

虽然恽雨棠用尽了心血，但是收效甚微，"双十节"前后的几次示威都尚未形成大规模的统一行动。《红旗日报》在分析黄包车夫大罢工失败的原因时，却片面强调了主观上存在严重缺点，责怪"有些领袖临时动摇，不能坚决领导工友与帝国主义国民党资本家作勇敢决死的斗争"。面对罢工斗争的不利形势，恽雨棠和孙冶方展开了彻夜长谈，他们都深深意识到当前策略的错误性。他们本想将亲身感受以书面形式呈送给中央，但当时党内稍有不同意见就会被扣上右倾机会主义的帽子，甚至有开除党籍的风险，考虑到这点，他们只能打消了向中央报告的念头。

YUN YUTANG　LI WEN

战斗在敌人心脏

自 1927 年至 1934 年，在国民党统治的中心南京，在这个最接近危险的区域，中共南京党组织接连遭受了八次重大破坏，大批共产党员和进步青年被捕牺牲，他们中有些人从上任到被捕牺牲仅有短短的几个月的时间，最短的才两周。他们用生命接力，使南京党组织在血雨腥风中岿然不动。

大纱帽巷 10 号曾是中共南京地方执行委员会联络点之一，图为大纱帽巷现状

1930 年的南京党组织也同样受到了"左"倾错误的影响。7 月，中共江苏省委决定以南京为中心开展暴动，由于不恰当地采用飞行集会、散发传单、张贴具有明确指向性的标语等过于暴露的斗争手段，致使党的力量过早暴露。7 月 29 日，由于敌特的侦查盯梢，正在开会的南京市行委书记李济平和 5 名党员全部被捕，二十天后，年仅 22 岁的李济平在雨花台壮烈牺牲。之后仅仅三个月的时间，南京五个党支部全部或大部被破坏，近百名党团员牺牲，党员数量从 200 名锐减到 47 名。白色恐怖下的南京城成了人间炼狱。

　　面对惨痛教训，共产国际和中共中央决心坚决制止城市暴动，纠正错误路线。10 月 8 日，南京市委向江苏省委报告，"只有一个学生支部可以经常开会，负责的只有我一人，钟圣（即曾中生）书记未离南京时，虽指定 2 个区委书记，但都被捕了"，"目下南京党组织的情形可以说极度危险……望省即派得力干部"。时任江南省委外县工作委员会委员的黄理文得知李济平在雨花台牺牲的消息，又听闻 9 月被派去南京市委的曾中生已暴露身份，心痛不已。这时他遇到了恽雨棠，觉得恽雨棠可以胜任南京市委书记一职。但当时前几任的南京市委书记可以说不是被捕入狱，就是已经牺牲，风险极大。于是，黄理文和陈云一起征求了恽雨棠的意见，没想到他丝毫没有考虑到个人安危，欣然

次 数	组织名称	负责人	破坏情况
	中共南京地方组织遭受大破坏一览表		
第一次	中共南京地执委	谢文锦	1927年4月，组织遭到严重破坏，地执委领导成员大部分被捕牺牲。
第二次	中共南京地执委	黄国材	1927年7月，组织遭破坏，黄国材等20余人被捕，地执委停止活动。
第三次	中共南京市委	孙津川	1928年5月至7月，孙津川等37名党员被捕牺牲，组织遭到严重破坏。
第四次	中共南京市委	黄瑞生	1929年5月，黄瑞生被捕牺牲，组织遭到严重破坏。
第五次	中共南京市委	王文彬	1930年4月，王文彬被捕，组织遭到严重破坏。
第六次	南京市行动委员会	李济平	1930年7月，李济平等20余名党员被捕牺牲，南京有5个支部全部或大部分破坏。
第七次	中共南京特委	李耘生	1932年4月，李耘生等5名党员被捕牺牲，此次大破坏波及徐海蚌、长淮特委，共有300多人被捕，100多名党员牺牲。
第八次	中共南京市委	顾衡	1934年8月，顾衡等多名党员被捕，组织受到重大破坏，活动停止。

中共南京地方党组织遭受大破坏一览表

李济平（1908—1930），江苏江阴人。1926年加入中国国民党。1927年参加中国共产党，任中共江阴县委委员。同年赴苏联东方共产主义劳动大学学习。1930年7月任南京市行动委员会书记，8月18日被国民党当局杀害于南京雨花台

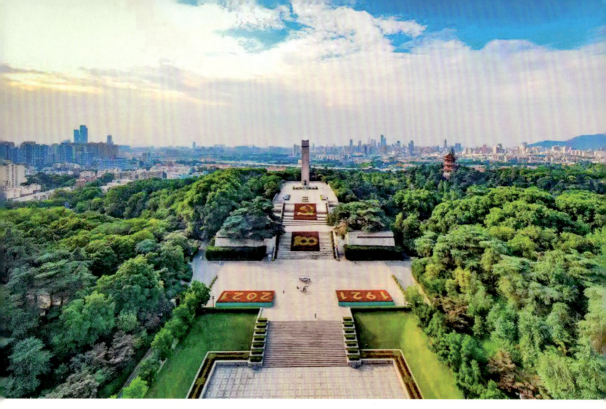

南京雨花台烈士陵园

服从组织的决定。

　　金秋十月，恽雨棠和正处于母女分离之苦的妻子李文做了短暂的告别，便来到了白色恐怖最严重的南京，着手党的地下组织的恢复工作。虽然李文极力想跟随丈夫一同去往南京工作，但是南京是全国白色恐怖最为严重的地方，出于安全的考虑，恽雨棠拒绝了妻子的要求，独留李文继续在上海开展革命工作。

不久，黄理文作为中共江苏省委派出的巡视员来到南京巡视。在南京他参加了恽雨棠在鼓楼召开的二十多人的党团会议。会上，恽雨棠传达了党的六届三中全会的精神，并根据中央的指示布置了工作。经过巡视，黄理文感到南京的工作井井有条。

　　在恽雨棠的全力工作下，南京的"左"倾错误得到了很好的纠正，党组织逐步恢复和发展起来。1930年12月3日，南京市委给江苏省委的报告中说：南京党团支部已经恢复到14处，还

南京鼓楼，摄于
20世纪30年代

有 47 个党员。12 月 24 日，南京市委正式作出反对李立三"左"倾错误的决议，"市委认为南京血的经验和最近的实际工作中所发现过去的党的错误和缺点，完全证明国际反立三路线的指示之正确，市委具有最大的决心彻底肃清由左发出的右倾机会主义（立三主义），为要求达到这个目的，市委决定提到支部中去讨论，并且要和实际工作联系起来，且必须在列宁的党的统一和纪律下来进行"。1931 年，江苏省委肯定了南京市委的工作，"省常委听了某某同志关于南京工作状况的报告以后一致认为：（1）市委领导一部分同志在极端困苦和复杂的条件之下还能保障和恢复一部分党及群众组织这是值得指出的……"从中可以看出中共江苏省委对恽雨棠的工作表示高度满意。

为革命身犯险境

1931 年 1 月 7 日，党的扩大的六届四中全会在上海武定路修德坊 6 号（今武定路 930 弄 14 号）召开。米夫以不正常的组织手段控制了会议的进行，而王明则在会上宣扬了他写的"左"倾教条主义纲领性小册子《为中共更加布尔什维克化而斗争》。这次会议打着批判"调和主义"的旗号，"改造充实各级领导机关"，为王明宗派主义攫取中央的领导权铺平了道路。自此，以王明为代表的"左"倾教条主义在党内开始了长达四年的统治，

中共中央特科机关旧址（中共六届四中全会会址）

中共六届四中全会召开地上海武定路 930 弄 14 号（原武定路修德坊 6 号）

党的革命事业遭受严重的挫折。

1月中旬，恽雨棠因汇报工作的需要，由南京返回上海，并将自己在上海的住址告诉了原江苏省委书记何孟雄。然后他写信约好友孙冶方见面，信中说："我要去南京，李文的房子即要退租，已把住址开给通讯员转交周天僇。"信中提到的"通讯员"即曾担任过《红旗日报》记者的唐虞，也曾是恽雨棠的老部下；周天僇曾和恽雨棠同在莫斯科中山大学留过学，还一起被污蔑为"江浙同乡会"反党分子。两人与恽雨棠交情都很深厚，恽雨棠重视友谊，也对他俩毫无保留，他想将自己在上海的房子转租给周天僇，于是将地址写在纸条上托唐虞带给周天僇。唐虞也曾在莫斯科东方大学留学，和王明交好，归国后曾在中央机关从事兑换金饰工作，后因有贪污嫌疑调任《红旗日报》任记者，在党内的职务为交通员。周天僇和孙冶方都认为唐虞不可靠，担心恽雨棠夫妇会被唐虞出卖，曾提醒恽雨棠夫妇迅速搬家。可是恽雨棠没有重视，错误认为"唐是自己的老部下，感情不恶，现在已无直接工作关系，谅必不会出卖自己"。然而恽雨棠对朋友的错误信任终酿成了悲剧。

1931年1月21日中午12时30分，巡捕突然闯到恽雨棠住所——新闸路福康里623号，夫妻二人同时被捕。被捕之际，聪敏机警的李文将孙冶方与恽雨棠的往来书信撕得粉碎，尽自己最大的努力保护了同志们的安全，最终凶恶的巡捕只搜出了一堆俄文版马列著作和一把手枪。

就在同时，在沪东区委参加完会议的孙冶方打算去工会机关处理公事，却发现设在居民楼里的机关有些异样，门窗紧闭，屋内空无一人，平日看守机关的女同志也不知去向，满地堆满了被查抄的东西。孙冶方机敏地意识到出事了，赶紧离开。不久，他在街上遇到了周天僇，得知唐虞出卖了恽雨棠夫妇。很快，周天僇和孙冶方也因为唐虞的出卖被捕入狱。幸运的是，敌人虽然进行了一系列严密的盘查，却从孙冶方和周天僇的口供里找不出任何破绽，只能在关押他们几天后将其释放。

夫妇共写英雄谱

然而恽雨棠夫妇便没有这么幸运了，被捕后他们先是被押往戈登路捕房。面对巡捕的质问，恽雨棠称自己叫胡迪生，携带家眷由常州来上海做生意。第二天过堂受审后，由租界法院引渡到国民党上海市公安局。第三天在未经详审的情况下，国民党上海市公安局让夫妻二人按下手印，并押往龙华国民党淞沪警备司令部，将他们作为重大政治犯关押。

与恽雨棠和李文夫妻二人一同被押往国民党淞沪警备司令部关押的还有从东方旅社、中山旅社、华德路沪新小学等处捕来的

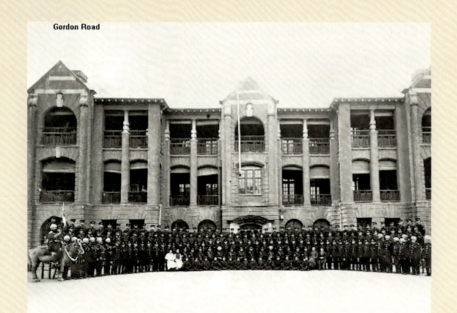

Gordon Road

戈登路捕房

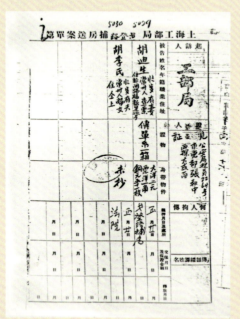

恽雨棠与妻子李文被捕后，分别化名胡迪生、胡李氏。这是上海工部局捕房关于他们的送审单

恽雨棠　李文画传

林育南、何孟雄、龙大道、李求实、欧阳立安等30余人。李文和伍仲文、冯铿等7人被押至女牢关押，其余人则被分别关押在川字形的三个弄堂里。

1931年2月7日晚上，恽雨棠穿着长衫，留着分头长发，拖着10多斤重的脚镣；跟在身旁的李文从容淡然，瘦弱的脸庞虽然沾满泥土，却依然是那么清秀。此时她的身体里，一个小生命正在悄悄生长。然而，残忍的敌人却没有因此放过她。黑夜里，

福康里旧影

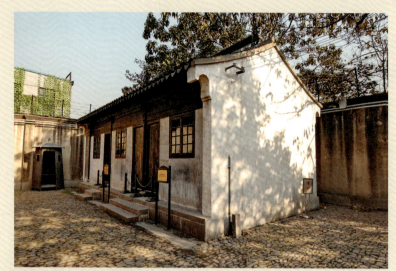

原国民党淞沪警备
司令部看守所牢房
（复原）

原国民党淞沪警备
司令部看守所牢房
（复原）

原国民党淞沪警备
司令部看守所牢房
内景（复原）

恽雨棠　李文画传

龙华革命烈士纪念地（原国民党淞沪警备司令部旧址）遗址区

恽雨棠、李文烈士螺钿画像

恽雨棠和李文相互搀扶，从容不迫地与其他二十余名难友一起走向刑场。伴随着一阵尖利的枪声，他们永远倒在了血泊中，29岁的恽雨棠和21岁的李文带着他们尚未出世的孩子慷慨捐躯。

　　恽雨棠、李文等24人牺牲后，王明还是不放过他们，污蔑他们为"反党集团"，并开除了他们的党籍，直到1945年党的扩大的六届七中全会上通过的《关于若干历史问题的决议》才为他们平冤昭雪、恢复名誉。

1945 年 4 月 26 日，中国共产党六届七中全会通过的《关于若干历史问题的决议》对二十四烈士做出了公正的评价

中國共產黨中央委員會
關於若干歷史問題的決議

李文的胞兄李一为了表达对恽雨棠、李文夫妇的敬仰与怀念，曾以诗词悼念：

贺新郎　悼恽雨棠李文烈士
别家从兹去，
念熟双亲晨夕苦，
眼穿依闾。
为正义大义凛然，

横眉俯首夫妇。

一片丹心踩冰霜，

抛却爱女无后顾，

立志坚，要扫弥天雾。

作指引，

马列书。

明月应撰罢工书，

激昂宣言推商务，

气贯京沪。

仅是十九学徒年，

代人民申诉疾苦。

黑云笼神州路，

廿三烈士① 连铐镣，

"二·七"龙华血成渠。

---

① "23烈士"是依据1931年2月12日中共中央机关报《红旗日报》上最早
报道烈士们牺牲的记载。目前学术界大多认可"龙华二十四烈士"的说法，
主要依据为：（1）《左联致各国革命文学家书》中提及"国民党暗杀了十九
个革命家，五个革命作家，一共虐杀男女二十四人"。（2）鲁迅在《为了忘
却的记念》一文中说过，"柔石和其他二十三人已于二月七日夜和八日晨，
在龙华警备司令部被枪毙了"。

恽雨棠 李文画传

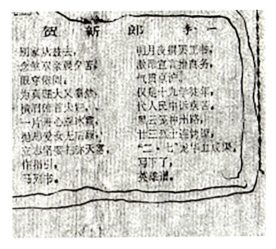

李文胞兄李一写下的悼念恽雨棠、李文夫妇的诗词

　　写下了，

　　　英雄谱。

　　为了表达对妹妹的思念和崇敬，哥哥李一于1977年12月在李文留世的唯一一张照片后面题字"胞妹李文与其夫恽雨棠于一九三一年二月七日牺牲上海龙华"。李一临终前还嘱托后人要"永远保存，传至后代"。李家人也是时刻将这对英雄夫妇铭记于心，为了更好地纪念他们，李一给后人取的名字中都嵌入了"文"字，以此激励儿孙后辈继承恽雨棠和李文的遗志，让先辈播撒的革命火种代代相传！

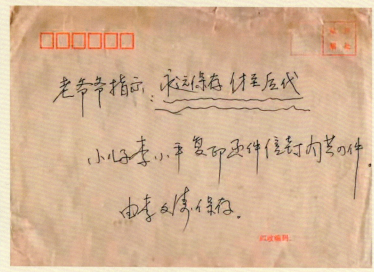

李文胞兄李一在李文照片后的题字　李文胞兄李一指示后人要永远保存李文照片

"为了忘却的记念"二十四烈士主题雕塑园

恽雨棠大事年表

1902 年　出生于江苏常州武进西夏墅镇（现属常州市新北区）。

1913 年　父亲病故，到镇江张裕昌皮蛋坊当学徒。

1919 年　来到上海，备考商务印书馆。

1921 年 9 月　成为商务印书馆练习生，后被分配到订书柜工作。

1923 年底　加入中国共产党。

1925 年 5 月　参加五卅运动。

1925 年 8 月　组织商务印书馆大罢工，其间起草《职工会宣言》。

1925 年 10 月　前往苏联莫斯科中山大学留学。

1927 年初　回到国内开展革命活动。

1927 年秋　再次赴苏联莫斯科中山大学学习和工作。

1929 年 6 月　被诬陷为托派嫌疑分子，受到党内处分后被遣送回国。

1929 年 10 月　参加中央干部短期训练班，结业后去《红旗》报工作。

1929 年底　与李文相识，结为夫妻。

1930 年 5 月　因反对王明"左"倾教条主义，被下放到闸北区委工作。

1930 年 8 月　任上海市政总工会主席。

1930 年 9 月　任上海黄包车夫罢工委员会主席。

1930 年秋　任中共南京市委书记。

1931 年 1 月 21 日　在新闸路福康里住所被国民党当局拘捕。

1931 年 2 月 7 日　在国民党淞沪警备司令部龙华看守所刑场就义。

李文大事年表

1910 年 8 月　出生于江苏常州武进湟里镇。

1927 年　就读于常州芳晖女中，在校期间加入中国共产主义青年团。后因参加学生运动被校方开除。

1927 年冬　参加领导拆衣工人要求改善生活待遇、增加工资的罢工斗争。

1928 年夏　到常州参加发动农民停缴当年夏租的斗争。

1929 年　加入共产党，与恽雨棠结婚。到上海后，被分配到《红旗》报社工作。

1930 年 5 月　与恽雨棠一起被下放到闸北区委工作。

1931 年 1 月 21 日　在新闸路福康里住所被国民党当局拘捕。

1931 年 2 月 7 日　在国民党淞沪警备司令部龙华看守所刑场就义。

参考文献

1. 中国中共党史人物研究会编:《中共党史人物传》第三十八卷,中国人民大学出版社 2017 年版。

2. 中共上海市委党史资料征集委员会、上海市民政局合编:《上海英烈传》第二卷,百家出版社 1987 年版。

3. 中国人民政治协商会议江苏省委员会、文史资料研究委员会编:《江苏文史资料选辑》第十三辑,江苏人民出版社 1983 年版。

4. 中共江苏省委党史资料征集研究委员会、江苏省档案局合编:《江苏革命史料》第十一辑,1984 年版。

5. 中共上海市委党史研究室编:《上海党史资料汇编》第五编,上海书店出版社 2018 年版。

6. 江苏省社会科学院《恽逸群文集》编选组:《恽逸群文集》,江苏人民出版社 1986 年版。

7. 中共南京市委党史编写领导小组办公室、南京市档案局合编:《南京党史资料》第二辑,1982 年版。

8. 中共南京市委党史工作办公室、南京市民政局、南京市雨花台烈士陵园管理局、南京市档案局（馆）合编：《南京当代人物大典（英烈卷）》，中共党史出版社2003年版。

9. 中共常州市委党史研究委员会、常州市民政局合编：《常州革命英烈》，中共党史资料出版社1990年版。

10. 龙华烈士纪念馆编：《烈士与纪念馆研究》第五辑，中共党史出版社2001年版。

11. 龙华烈士纪念馆编：《英烈与纪念馆研究》（纪念"龙华二十四烈士"殉难90周年专辑），上海教育出版社2021年版。

12. 陈修良著，姜沛南、沙尚之编：《陈修良文集》，上海社会科学院出版社1999年版。

13. 曹仲彬、戴茂林：《莫斯科中山大学与王明》，黑龙江人民出版社1988年版。

14. 武进分卷编辑委员会：《江苏人民革命斗争群英谱》武进分卷，江苏人民出版社1999年版。

15. 邓加荣：《孙冶方传》，山西经济出版社1998年版。

16. 肖飞：《董亦湘传》，华人文化出版集团2022年版。

17.《俞秀松》编委会编：《俞秀松传》，浙江人民出版社2019年版。

18. 郑振铎：《郑振铎全集》第二卷，花山文艺出版社1998年版。

后 记

为更好宣传英烈事迹，传承红色基因，赓续共产党人的精神血脉，上海市委党史研究室和龙华烈士纪念馆继续推出了《龙华英烈画传》系列丛书第三辑。我很荣幸承担了龙华二十四烈士中恽雨棠、李文这对英雄夫妇的画传撰写工作。

几年前，在从事龙华英烈的研究工作之时，我就被恽雨棠、李文的美好爱情所久久吸引、被他们直面生死的大无畏精神所深深震撼。这对为了革命抛家舍业、慷慨捐躯的年轻夫妻用鲜血和生命为实现共产主义理想谱写了一首悲壮的忠魂曲，为后人留下了一束不灭的信仰之光。

在撰写画传的过程中，我查阅了大量龙华烈士纪念馆馆藏档案，多次前往上海市档案馆查档，并走访了烈士故乡常州武进。在这里，我要衷心感谢李文烈士侄孙李文涛先生对我在撰写画传工作中的大力帮助；感谢王锡荣教授对于文稿的审读和史实把关；感谢上海市档案馆、上海市图书馆、上海人民出版社、上海市委党史研究室、龙华烈士纪念馆、常州市武进区委党史工委等单位的大力支持。

但是，囿于恽雨棠、李文资料的有限性和本人研究水平的不足，本书不免存在疏漏及表述不当之处，也恳请广大读者批评斧正。本人也将继续提升史实研究功底和学术研究水准，为红色文化研究和宣传工作贡献绵薄之力。

图书在版编目(CIP)数据

恽雨棠 李文画传 / 中共上海市委党史研究室,龙
华烈士纪念馆编;潘晨著. -- 上海 : 上海人民出版社,
2025. -- ISBN 978-7-208-19304-8

Ⅰ. K827＝6

中国国家版本馆 CIP 数据核字第 2024TF1402 号

责任编辑 吕桂萍
封面设计 周伟伟

恽雨棠　李文画传

中共上海市委党史研究室　编
龙 华 烈 士 纪 念 馆
潘　晨 著

出　　版　上海人民出版社
　　　　　(201101　上海市闵行区号景路 159 弄 C 座)
发　　行　上海人民出版社发行中心
印　　刷　上海中华印刷有限公司
开　　本　720×1000　1/16
印　　张　8
字　　数　63,000
版　　次　2025 年 1 月第 1 版
印　　次　2025 年 1 月第 1 次印刷
ISBN 978 - 7 - 208 - 19304 - 8/K·3447
定　　价　58.00 元